AF263768

EXTRAIT

DU

RÈGLEMENT GÉNÉRAL

DU CONSEIL

D'ADMINISTRATION

DE LA

MANUFACTURE NATIONALE DE FUSILS,

Établie à Paris, maison de l'*Oratoire*, section des *Gardes-Françaises*.

A PARIS,

De l'Imprimerie de PELLIER, Impr. de la Sect. des Gardes-Franc., rue Honoré, vis-à-vis celle du Four.

An II de la République une et indivisible.

AUX CITOYENS
AGENS ET OUVRIERS
DES ATELIERS.

RÉPUBLICAINS,

Nous avons toujours eu pour objet de fraterniser avec tous les citoyens associés à nos travaux, par des dispositions qui, en traçant à chacun le tableau de ses devoirs, lui prescrivent aussi ce que la République attend de ses efforts.

Nous avons dû, comme nous l'avons fait jusqu'à présent, nous aider réciproquement du concours de nos lumières, pour arriver au but qu'on s'est proposé dans notre institution.

C'est d'après les instructions que nous nous sommes fraternellement communiquées et le besoin où est le conseil de s'astreindre lui-même à de sévères engagemens, que nous avons cru important de consigner nos devoirs réciproques dans un réglement dont toutes les dispositions ont été mûrement réfléchies.

Les membres et ouvriers des ateliers y connaîtront leurs obligations envers ceux que le conseil a choisis pour organe en la

A

personne de ses visiteurs. Ces derniers, en appliquant, par-tout où leur mission les appellera, les principes de sagesse et de justice qui animent le conseil, y trouveront de quoi inspirer aux agens et ouvriers l'attachement à leurs fonctions et au bien public.

Les membres des ateliers y verront consacré particulièrement ce principe si cher à la liberté, que c'est par les communications d'une intime fraternité & par tous les moyens de rapprochement que peut dicter l'amour sincère de l'égalité, qu'ils obtiendront des ouvriers confiés à leurs soins, le zèle & l'exactitude qu'ils ont le droit d'exiger d'eux.

De leur côté, les ouvriers, en y trouvant l'obligation de se soumettre à tout ce que l'équité leur prescrira, de la part de leurs chefs, auront des occasions toujours nouvelles de concourir au soutien d'une cause que tous les Français sont également intéressés à défendre.

Tels sont les bases sur lesquelles nous nous sommes appuyés, pour déterminer les relations qui existeront entre les chefs et les ouvriers.

Appliquons-nous à étendre les progrès de notre administration, en dirigeant tous nos efforts vers la liberté, à l'affermissement de laquelle nous sommes spécialement chargés de concourir.

EXTRAIT

Du Réglement général du Conseil d'administration.

TITRE II.

Organisation des Visiteurs.

ARTICLE PREMIER.

CONFORMÉMENT à l'article VIII de l'orga-nisation du conseil d'administration, il y aura des visiteurs chargés d'exercer, pour et au nom du conseil, la surveillance générale sur les ateliers, usines et magasins. Ils sont l'organe du conseil par-tout où leurs fonctions les appellent, et les ordres émanés de lui, et qu'ils y portent, soit de vive voix, soit par écrit, doivent être respectés et suivis.

I I.

Ils seront tenus de certifier par écrit aux agences, si elles l'exigent, les ordres qu'ils auront reçus de vive voix du conseil.

I I I.

Il leur sera donné tous les trois mois, par le

conseil, le tableau des ateliers, usines et magasins qu'ils auront à visiter.

I V.

Chacun d'eux sera tenu de parcourir, une fois par jour au moins, les magasins, ateliers et usines qui lui seront distribués, à moins qu'il n'ait été empêché par des circonstances particulières dont il rendra compte au conseil.

V.

Tous les jours, à huit heures du soir, ils viendront au conseil faire le rapport de leurs opérations de la journée, et prendre les ordres du conseil pour le lendemain.

V I.

Ils auront un bureau, l'un d'eux sera chargé des écritures, il aura la signature des billets de placement.

Le travail du bureau, qui consistera d'abord dans l'enregistrement des requisitions et placemens, dans celui des rapports journaliers des visiteurs, et enfin dans celui des réclamations autres que celles pour lesquelles les séances publiques sont destinées, sera distribué entre les commis sous la surveillance des visiteurs.

V I I.

Ils devront surveiller les agences et les magasins

et entretenir la concorde et la fraternité parmi les ouvriers.

VIII.

Ils ne pourront prendre aucun arrêté.

IX.

Ils seront chargés de visiter les bâtimens des ateliers, magasins et usines, de prendre connaissance des constructions et réparations à y faire, et d'en informer le conseil, sans rien ordonner par eux-mêmes.

X.

Ils seront pareillement tenus d'informer, sur le champ, le conseil des contestations et évènemens survenus dans les magasins, ateliers et usines, tendant à retarder le progrès des travaux ou à troubler l'ordre.

XI.

Les visiteurs sont solidairement responsables des opérations qui leur sont communes, mais leur responsabilité n'est qu'individuelle pour celles dont ils sont chargés séparément.

TITRE III.

ORDRE DES ATELIERS ET USINES.

Division des agences.

ARTICLE PREMIER.

Il y aura autant d'ateliers que le service de la manufacture pourra l'exiger.

I I.

Chaque atelier sera composé d'un agent comptable, d'un directeur, d'un inspecteur, et d'autant d'instructeurs qu'il sera nécessaire.

FONCTIONS DES AGENCES.

Agent comptable.

ARTICLE PREMIER.

L'agent comptable de l'atelier, reçoit directement du comptable du conseil, les fonds nécessaires pour subvenir aux besoins de l'atelier.

I I.

Il acquitte la paye journalière des ouvriers, il ne doit effectuer que le payement des pièces confectionnées , bien et duement inspectées et reçues dans son magasin , et il satisfait généralement à toutes les dépenses de l'atelier.

I I I.

Tous les bordereaux de payemens doivent être certifiés par le directeur et l'inspecteur de l'atelier.

I V.

Les matières et outils destinés à la fabrication, sont placés dans un magasin qui dépend de l'atelier et est sous la surveillance immédiate de l'agent.

V.

Il distribue à chaque ouvrier à la journée, ceux de ces outils et matières qui lui sont nécessaires pour la fabrication dont il est chargé, et cette distribution ne peut se faire que sur un bon du directeur, énonciatif des outils cassés et défectueux que l'ouvrier veut remplacer, et sur la remise que l'ouvrier fait à l'agent de ces outils cassés et défectueux.

V I.

En conséquence, l'agent est comptable d'argent et de matières, et sa comptabilité résulte des sommes par lui reçues et payées, des fonds qu'il a encore en caisse, des matières et outils qu'il reçoit et distribue, et de ce qui en reste en magasin.

V I I.

Il est tenu de remettre au conseil, le duodi de chaque décade, au plus tard, l'état de situation de son atelier de la décade précédente.

V I I I.

Aux termes de l'art. x x x de l'organisation du conseil, il doit se rendre à l'assemblée du conseil, qui se tient quintidi matin, pour s'expliquer sur tous les objets de sa comptabilité.

Directeur.

ARTICLE PREMIER.

Le directeur délivre seul les bons nécessaires, pour que l'ouvrier se fasse remettre, par l'agent, les matières et outils utiles à la fabrication dont il est chargé.

I I.

Il est chargé de l'appel des ouvriers et de la surveillance immédiate des travaux des ateliers.

I I I.

Il donne à chaque instructeur la liste exacte des ouvriers confiés à ses soins.

I V.

Aux termes de l'art. XXXI de l'organisation du conseil, il doit se rendre au conseil, à l'assemblée du décadi matin. Il y présente le compte de situation de tous les travaux de l'atelier, pour les comparer et balancer entr'eux, en y joignant le résumé des produits des travaux faits pendant la décade précédente.

Inspecteur.

ARTICLE PREMIER.

L'inspecteur est chargé de l'appel, conjointement avec le directeur.

II.

Il inspecte les ouvrages de toute espèce, confectionnés par l'ouvrier. Il y appose sa marque et en surveille le dépôt à faire dans le magasin de l'agent.

III.

Il sera personnellement responsable de tous les ouvrages qu'il aura inspectés, et il tiendra note exacte de tous ceux finis et remis par l'ouvrier dans le magasin de l'agent.

Police commune aux agences.

ARTICLE PREMIER.

Les agens, directeurs et inspecteurs, doivent, à compter de l'appel, rester à leur poste jusqu'à la fermeture des ateliers, et ne peuvent le quitter que pour assister aux séances du conseil, indiquées en l'organisation, ou pour des affaires majeures dont l'urgence serait constatée.

II.

L'agence est la mère commune de l'atelier ; chacun de ses membres doit fraterniser avec les ouvriers, leur rappeller amicalement leurs devoirs, et veiller à ce que la décence et le bon ordre soient maintenus.

III.

Ils veillent à l'emploi et usage, conformément

à leur destination, des matières et outils distribués aux ouvriers pour la fabrication.

I V.

Ils observent qu'aucun de ces matières et outils,
ainsi que de tous les meubles, effets et ustenciles
à usage d'ateliers, ne soit dégradé ou altéré par
violence, insouciance, ou tout autre fait repréhen-
sible.

V.

Ils feront recueillir exactement les fragmens
et débris provenant de fractures d'outils et de travaux et matières confectionnés, et en ajouteront
la note à leurs états décadaires.

V I.

Ils avertiront le conseil, sur le champ, de tous
les torts et malversations qui surviendront dans
les ateliers.

V I I

Lorsqu'un ouvrier, par mauvaise conduite, ne se
sera pas montré digne des fonctions utiles et hono-
rables auxquelles il est appellé, l'agence en fera
un rapport au conseil, qui ne statuera qu'après
avoir entendu l'ouvrier accusé.

V I I I.

L'agence rappellera aux ouvriers l'obligation
qui leur est imposée de nommer, conformément à
l'organisation du conseil, des commissaires pour

assister à ses séances, elle recevra un double des nominations, et l'adressera aussitôt au conseil.

I X.

Aucun membre de l'agence ne pourra loger hors de l'atelier.

X.

Les magasins des ateliers doivent être ouverts et fermés à la même heure que les ateliers même.

X I.

Les agences auront soin de connaître les ouvriers qui se seront distingués par leur travail et leur conduite, afin de mettre le conseil à portée de les faire récompenser.

X I I.

Les agens, directeurs et inspecteurs exercent généralement la surveillance la plus exacte sur les atteliers dont ils indiquent les besoins au conseil.

X I I I.

Les décadis étant des jours de repos, l'agence veillera à ce que les ateliers soient fermés.

X I V.

Les agens, directeurs et inspecteurs sont tenus, après la fermeture des ateliers, de se réunir, pour aviser entre eux aux moyens d'étendre les avantages et de satisfaire aux besoins des ateliers.

(14)
X V.

Les agences auront chacune un état qui contiendra les noms, prénoms, âges et demeures des ouvriers, de leurs ateliers, l'indication du lieu de leur naissance, de leur état et de leur profession avant et depuis la révolution.

X V I.

La responsabilité, qui résulte du défaut d'exécution de tout ou partie des obligations imposées aux agences, devient le fait solidaire des agens, directeurs et inspecteurs

Fonctions des Instructeurs.

ARTICLE PREMIER.

Les instructeurs sont chargés d'enseigner aux ouvriers, tout ce qu'il est indispensable de savoir pour la fabrication de toutes les parties qui doivent concourir à la confection du fusil.

I I.

Ils surveillent et conduisent les ouvrages de ceux qu'ils sont chargés d'instruire, et ils doivent enjoindre aux ouvriers d'employer, sans interruption, à leur travail, le tems qu'ils passent dans les ateliers.

I I I.

Ils remarquent les progrès, l'intelligence et la célérité des ouvriers dans le cours de leur instruction, et en rendent compte à l'agence.

I V.

Ils sont sujets à l'appel, et ne peuvent sortir qu'avec les ouvriers.

OUVRIERS.

Les ouvriers travaillent, les uns à la pièce, et les autres à la journée.

Ouvriers à la pièce.

ARTICLE PREMIER.

Ils sont sujets à l'appel.

I I.

Il peuvent commencer et finir avant et après les heures de travail ; mais de quelque manière qu'ils divisent le tems de leurs occupations, ils doivent à la République autant d'heures de travail que les ouvriers à la journée.

I I I.

Chaque décade, l'agent comptable fera au conseil un rapport particulier, sur la perte de tems que chaque ouvrier à la pièce aura faite dans le courant de la décade.

I V.

Ils sont sous la surveillance des directeurs et inspecteurs, pour raison de l'emploi de leur tems dans l'atelier et de la bonté de leurs ouvrages.

V.

Les ouvrages non admis après l'inspection, sont rendus à l'ouvrier qui les a présentés.

Ouvriers à la journée.

ARTICLE PREMIER.

Ils sont sujets à l'appel.

I I.

Ils sont tenus de se rendre aux ateliers, conformément aux dispositions ci-après de la police générale.

I I I.

Nul ouvrier ne sera admis dans les ateliers et ne pourra passer dans d'autres, que sur un billet du bureau des commissaires-visiteurs.

I V.

L'ouvrier admis dans un atelier, qui, après un travail d'une décade, ne serait pas jugé propre à être employé dans la fabrication des armes, ne pourra être continué dans ce genre de travail; néanmoins il ne sera renvoyé que lorsque son incapacité aura été bien reconnue par l'examen que le conseil fera ou ordonnera de son ouvrage, s'il y a lieu.

V.

Si l'ouvrier dont est parlé ci-dessus était en réquisition dans les armées, le conseil le renverra pardevant le commissaire de l'organisation et du mouvement des armées de terre.

V I.

S'il se trouvait dans les ateliers quelques ouvriers qui y travaillassent autrement qu'en vertu d'un billet de placement, ils seront tenus de se présenter au bureau des commissaires - visiteurs, pour être confirmés dans leurs travaux.

Police générale des ateliers.

ARTICLE PREMIER.

Durant tout le cours de l'année, le travail des ouvriers à la journée commencera à six heures du matin et finira a huit heures du soir.

I I.

Il y a une horloge dans chaque atelier.

I I I

Par cette horloge sont réglés l'entrée, la sortie des ateliers, les déjeûners et les dîners des ouvriers à la journée.

I V.

Il est acordé une heure pour le déjeûner et une heure pour le dîner. L'espace de tems du déjeûner sera de neuf à dix heures du matin, et celui du dîner de deux à trois heures après-midi.

V.

Il sera fait trois appels par jour, le premier à

six heures du matin, le deuxieme à dix heures du matin, et le troisième à trois heures du soir.

V I.

Il y a dans chaque atelier une cloche, qui fixe le moment des appels, et sonne cinq minutes avant chaque heure de travail.

V I I.

Chaque ouvrier sera averti par cette cloche de l'heure d'entrée au travail, des heures du déjeûner et du dîner, et de l'heure de la sortie du soir.

V I I I.

Quand la cloche aura cessé de sonner, la porte de l'atelier sera fermée et on procédera à l'appel.

I X.

L'appel devant se faire aux heures indiquées article v ci-dessus, chaque ouvrier absent sera pointé par le directeur ou l'inspecteur.

X.

L'agent comptable de chaque atelier recevra du directeur ou inspecteur, qui aura fait l'appel, la note des ouvriers qui ne se seront pas présentés, et il en dressera exactement la liste, qu'il remettra au conseil.

X I.

Durant les heures de travail, personne que les ouvriers et les instructeurs, n'entrera dans les ateliers, si ce n'est ceux qui en ont le droit, comme représentans du peuple, membres du conseil, visiteurs et autres chargés de pouvoirs.

XII.

Il ne pourra être vendu ni vin, ni bière, ni aucune espèce de liqueur et boisson dans les ateliers.

XIII.

Aucun ouvrier ne sera reçu dans l'atelier, en état d'ivresse.

XIV.

Les agens, directeurs et inspecteurs sont, pour l'ouvrier, autant de chefs envers lesquels il doit se comporter avec décence & fraternité.

X V.

De même que les membres de l'agence et les instructeurs, doivent se conduire fraternellement avec les ouvriers; ceux-ci doivent user de réciprocité envers eux. Toutes menaces et voies de fait sont expressément défendues.

X V I.

Aucun ouvrier à la journée ne pourra changer son genre de travail sans le consentement du directeur, ni refuser de passer à un autre travail du même genre, lorsque le directeur le lui aura prescrit.

X V I I.

Il ne pourra être distrait des ateliers aucuns

fragmens ni débris provenant de fractures d'outils et de travaux et matières confectionnés.

XVIII.

Il est défendu de rien détériorer des grilles, meubles, effets et ustenciles qui sont dans les ateliers.

Si l'auteur du dégat est connu, il sera tenu de le payer.

Dans le cas contraire, le dégat sera à la charge commune des ouvriers et instructeurs qui composeront la boutique où il aura été commis.

XIX.

Les ouvriers ne pourront, sous aucun prétexte, se dispenser de nommer, conformément aux art. XXIX, XXXII et XXXV de l'organisation du conseil, six d'entre eux pour se rendre successivement aux six assemblées qui auront lieu à cet effet pendant le mois.

XX.

Les ouvriers nommés par leurs camarades, pour assister aux séances du conseil, et qui ne rempliraient pas leur mission, ne pourront exiger le payement attribué aux commissaires, et ne seront éligibles que deux mois après, à moins qu'ils justifient de l'impossibilité où ils étaient de satisfaire à leur obligation.

XXI.

Ils donneront, sans délai, à l'agence la note

éxacte des commissaires qu'ils auront nommés.

X X I I.

Il est défendu aux ouvriers de procéder à ces nominations pendant les heures de travail.

X X I I I.

Tout ouvrier qui sera deux jours sans se présenter à l'atelier, et n'aura pas prévenu l'agence de la nécessité de son absence, sera dénoncé au comité révolutionnaire de sa section, comme voulant se soustraire à la réquisition.

X X I V.

Nul ouvrier ne pourra se déranger de sa place, ni quitter son travail, lorsque toutes personnes ayant droit d'entrer dans les ateliers iront les visiter, à moins qu'il n'y soit autorisé.

X X V.

Aucun ouvrier à la journée ne pourra travailler à ses pieces dans l'atelier durant les heures de repas.

X X V I.

Il ne pourra, dans les ateliers, être travaillé qu'à la fabrication des fusils. Toute autre espèce d'ouvrage est sévèrement interdite.

X X V I I.

Dans les ateliers de canonniers, si un forgeron de canon se trouve à sa forge, et que son metteur de broche soit absent, ce dernier indemnisera l'autre du tems que le forgeron aura perdu par son absence.

Le metteur de broche pourra répéter pareille indemnité contre le forgeron, en cas d'absence de ce dernier.

X X V I I I.

Les boutiques des ateliers à la journée seront fermées aux heures des repas, et les clefs en seront remises aux instructeurs que les agences auront désignés.

X X I X.

Les ouvriers qui auront à faire des réclamations, soit particulières, soit générales, ne pourront s'en occuper que pendant les heures non dues aux travaux qui leur sont confiés.

X X X.

Tout ce qui est affiché dans les ateliers, au nom des autorités constituées et du conseil, doit demeurer intact.

L'infraction à cet article est sévèrement punie par la loi.

Hommes de peine.

Il y aura dans chaque atelier, des citoyens officieux qui seront sous les ordres immédiats de l'agence, pour le service de l'atelier seulement.

Devoirs des Portiers.

ARTICLE PREMIER.

Le portier est sous les ordres immédiats de l'agence, pour le service de la porte et la sûreté intérieure de l'atelier.

I I.

La porte de chaque atelier doit être ouverte, toute l'année, à cinq heures du matin.

I I I.

La porte sera fermée après que la cloche d'appel aura cessé de sonner.

I V.

Elle restera constamment fermée pendant les heures de travail, et ne se r'ouvrira que pour les besoins indispensables de l'atelier.

V.

Le portier ne pourra ouvrir la porte pendant les heures de travail, qu'aux personnes ayant le droit d'entrer dans les ateliers.

V I.

Il ne pourra vendre ni vin, ni bière, ni liqueur, ni aucune espèce de boisson.

V I I.

Le travail fini, la porte sera fermée, depuis le premier Vendémiaire jusqu'au premier Germinal, à dix heures du soir, et depuis le premier Germinal jusqu'au premier Vendémiaire, à onze heures du soir.

PUNITIONS.

Agences.

Si un ou plusieurs membres d'une agence manquent à aucun des devoirs à eux imposés, et contreviennent à l'exécution de tout ou partie des articles du présent Réglement qui les concernent, ils seront mandés au conseil, pour y être censurés et même destitués, s'il y a lieu, le tout conformément à l'article v de l'organisation.

Instructeurs.

ARTICLE PREMIER.

Ceux des instructeurs qui ne se trouvent point à l'appel, perdent le tiers de leur journée.

II.

Si un instructeur néglige d'instruire, selon ses moyens et sa capacité, les élèves à lui confiés, il sera mandé au conseil, qui, s'il y a lieu, prononcera contre lui la censure, ou la destitution.

III.

L'instructeur destitué ne pourra plus être employé que comme ouvrier dans les ateliers de la manufacture de fusils de Paris.

Ouvriers.

Tout ouvrier qui ne se sera pas présenté à l'un des appels prescrits dans le cours de la police générale, perdra un tiers de journée.

Principe général commun aux ateliers.

Dans le cas où les délits dont se seraient rendus coupables les agens, instructeurs et ouvriers (prévus ou non-prévus par le présent Réglement), exigeraient le renvoi pardevant des autorités constituées chargées d'en connaître, ce renvoi sera prononcé par le conseil.

LES membres du conseil soumettent à l'approbation du Comité de Salut public, le projet de Réglement ci-dessus.

29 *Prairial*, an 2ᵉ. *de la République une et indivisible.*

Signé, LENOIR, TELLIER, HERBULOT, TABARD, GALLONDE, BOTSON, BURGUBURU.

Vu par les citoyens Fayau et Guillemardet, chargés par le Comité de Salut public de la surveillance de la manufacture de fusils établie à Paris.

7 *Messidor*, an 2ᵉ. *de la République une et indivisible.*

Signé, J. P. M. FAYAU, GUILLEMARDET.

Pour copie conforme,

GALLONDE, *vice-président.*
CHENAUX, *secrétaire.*